22 Janvier 1907

OBJETS D'ART & D'AMEUBLEMENT

ANCIENS ET MODERNES

Pendules, Bronzes, Sculptures

TAPISSERIES

FAIENCES HISPANO - MAURESQUES, PORCELAINES

MINIATURES. ÉMAUX, BIJOUX, OBJETS DIVERS

TABLEAUX, DESSINS, GRAVURES

TAPIS, TENTURES

PIANOS DE PLEYEL ET D'ERARD

COMMISSAIRE-PRISEUR

Mᶜ ANDRE COUTURIER

EXPERTS

MM. PAULME & B. LASQUIN FILS

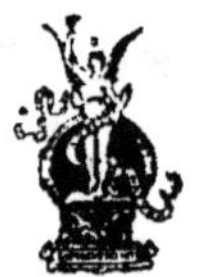

CATALOGUE

DES

Objets d'Art et d'Ameublement

ANCIENS ET MODERNES

Piano à queue de Pleyel. Piano droit d'Érard

PENDULES, BRONZES, SCULPTURES MARBRE ET TERRES CUITES

TAPISSERIES

FAÏENCES HISPANO-MAURESQUES, PORCELAINES

MINIATURES, ÉMAUX, BIJOUX, OBJETS DIVERS

TABLEAUX, DESSINS, GRAVURES

Tapis, Tentures, etc.

DONT LA VENTE AURA LIEU

HOTEL DROUOT, SALLE N° 6

LE MARDI 22 JANVIER 1907

à 2 heures

COMMISSAIRE-PRISEUR	EXPERTS
Mᵉ ANDRÉ COUTURIER	MM. PAULME et B. LASQUIN FILS
Succʳ de Mᵉ LÉON TUAL	
56, rue de la Victoire, 56	10, rue Chauchat | 12, rue Laffitte

Chez lesquels se distribue le présent Catalogue

EXPOSITION PUBLIQUE

Le Lundi 21 Janvier 1907 de 1 h. 1/2 à 5 h. 1/2

CONDITIONS DE LA VENTE

La vente sera faite au comptant.

Les adjudicataires paieront *dix pour cent* en sus des enchères.

Paris.—Imp. de l'Art, Ch. Berger et Cⁱᵉ, 41, rue de la Victoire

DÉSIGNATION

MEUBLES ET SIÈGES
ANCIENS ET MODERNES

1 — Meuble en bois sculpté; il ouvre à quatre portes et deux tiroirs, avec frise à rinceaux, chutes à fleurs et fruits, avec médaillons, bustes d'hommes sur les portes. Époque Louis XIII.

2 — Meuble crédence en bois sculpté, ouvrant à deux portes et deux tiroirs. Commencement du xviie siècle.

3 — Buffet à deux corps en bois sculpté, à quatre portes et deux tiroirs, orné aux angles de colonnes torses et sujets sur les portes. Fin du xvie siècle.

4 — Grand bureau en marqueterie de bois, ouvrant à trois tiroirs, surmonté d'un casier à tiroirs et tablette. Ornements, chutes, sabots en bronze ciselé et doré. Style Régence.

5 — Grand meuble, ouvrant à deux portes, en bois de placage, orné de feuillages et rinceaux en bronze ciselé et doré; médaillons en Wedgwood sur la face et sur les deux côtés. Dessus de marbre blanc. Style Louis XVI.

6 — Commode en bois de placage et marqueterie de fleurs; entrées de serrures et chutes en bronze doré. Dessus de marbre gris. Style Louis XVI.

7 — Psyché en acajou, décorée de bronzes ciselés et dorés. Style Empire

8 — Table en acajou, décorée de bronzes ciselés et dorés. Style Empire.

9 — Petit canapé, époque Louis XV, en bois sculpté et canné.

10 — Petit bureau bonheur du jour en acajou, époque Louis XVI, la partie supérieure ouvrant à deux tiroirs et deux portes vitrées; dessus de marbre blanc et galerie de cuivre; la partie inférieure ouvre à un tiroir et deux portes pleines.

11 — Petit bureau en marqueterie, de style Louis XVI, avec dessus ouvrant à une porte formant cartonnier.

12 — Table à ouvrage, de style Louis XV, en bois de placage. Dessus de marbre.

13 — Deux fauteuils Louis XIII, recouverts de tapisserie au point.

14 — Deux chaises en bois sculpté, époque Louis XV, couvertes en satin.

15 — Trois fauteuils en bois sculpté, époque Louis XV, recouverts en tapisserie au point et en damas rouge.

16 — Tabouret X en bois sculpté et doré, de style Louis XIV, garni de tapisserie au point.

17 — Commode, époque Louis XV, en marqueterie. Dessus de marbre.

18 — Cabinet Louis XIII en bois noir, avec incrustations d'ivoire, écoinçons et poignées en bronze doré.

19 — Autre cabinet plus petit, analogue au précédent.

20 — Meuble bahut en bois sculpté, formant buffet, ouvrant à deux portes.

21 — Table-pupitre en acajou. Époque Louis XVI.

22 — Table-guéridon en bois sculpté et doré, de style Louis XIV.

23 — Commode en marqueterie, à trois tiroirs, ornée de bronzes. Dessus de marbre blanc.

24 — Meuble d'angle en bois sculpté, à deux portes.

25 — Desserte en bois sculpté, à fond de glace sur les côtés. Dessus de marbre.

26 — Piano à queue de Pleyel.

27 — Piano droit de *Erard*.

28 — Secrétaire en acajou, époque Empire, ouvrant à abattant et trois tiroirs. Il est orné de bronzes finement ciselés et dorés, notamment de deux têtes de cariatides. Dessus de marbre.

29 — Deux fauteuils en acajou, recouverts en satin broché.

30 — Lit palissandre, décoré de bronzes dorés. Époque Restauration.

31 — Lit en bois sculpté.

PENDULES ET BRONZES

32 — Importante pendule, du temps de l'Empire, en bronze finement ciselé et doré. Composition à deux figures : *Amour et Bacchante*, en bronze argenté. Derrière ce groupe s'élève un cep de vigne chargé de raisins. Socle et contre-socle en marbre de couleur, orné au centre d'un bas-relief : *Ronde de Bacchantes conduites par l'Amour*. La pendule porte estampillée sur le terrassement, à gauche, l'inscription suivante : Fe. Louis Thomire, à Paris.

33 — Pendule-cartel en bronze ciselé et doré. Modèle à rocailles et guirlandes de feuillages et de fleurs et surmonté de deux figures d'enfants jouant avec des tourterelles. Style Louis XV.

34 — Pendule bronze doré, socle marbre. Epoque Empire.

35 — Pendule en marbre vert, décorée d'une femme en bronze doré. Style Empire.

36 — Pendule en biscuit, à sujet : *Le Temps enchaîné par l'Amour*. Socle marbre blanc et bronze doré.

37 — Pendule en bronze poli, cadran supporté par un éléphant en bronze patiné. Style Louis XV.

38 — Pendule marbre rouge. Le cadran est supporté par deux colonnes entourées de guirlandes de feuillages en bronze doré.

39 — Paire de candélabres formés chacun d'un vase en marbre rouge d'où s'échappe un bouquet à quatre lumières. (Forme garniture avec le numéro précédent).

40 — Deux bras-appliques à six lumières en bronze doré, enfants en bronze patiné.

41 — Deux bras-appliques à cinq lumières en bronze ciselé et doré. Style Louis XV.

42 — Paire de vases en bronze doré et ciselé, sur socle marbre rouge griotte. Style Empire.

43 — Paire de vases en bronze doré et ciselé, sur socle en marbre vert. Style Empire.

44 — Deux flambeaux en bronze ciselé et doré. Style Louis XVI.

45 — Deux flambeaux-liseuses en bronze argenté. Ecran en soie. Style Louis XVI.

46 — Paire de flambeaux, époque Louis XVI, en bronze argenté.

47 — Paire de flambeaux en bronze. Epoque de la Restauration.

48 — Deux appliques, époque Louis XVI, en bronze, à deux lumières.

49 — Trois paires de flambeaux en cuivre. Epoque Louis XIV.

50 — Flambeau-bouillotte, composé de trois amours soutenant trois cors de chasse, formant porte-lumière (disposé pour l'électricité), sur socle en marbre blanc orné de guirlandes de fleurs en bronze. Style Louis XVI.

51 — Paire d'appliques, style Louis XVI, à trois lumières, en bronze doré.

52 — Deux chenets en cuivre Louis XIII.

53 — Paire de flambeaux en bronze argenté, Louis XIV.

54 — Un lustre cristaux, monté à l'électricité.

55 — MÈNE. Cheval en bronze.

SCULPTURES EN MARBRE

TERRES CUITES

56 — Statuette de flore en marbre blanc, par *Riffard*.

57 — Buste de femme en marbre blanc, par *Riffard*.

58 — Petit buste de femme en terre cuite, par *Riffard*.

59 — Tête d'enfant travesti, terre cuite, par *Riffard*.

60 — Buste de femme en terre cuite, par *Riffard*.

61 — Femme couchée, terre cuite.

MINIATURES, ÉMAUX
BOIS SCULPTÉS, BIJOUX
OBJETS DIVERS

62 — *Miniatures*. Portrait d'homme dans un cadre en or et un portrait de femme de profil, au crayon ; une boîte au vernis. avec gravure.

63 — *Violoncelle* italien trois quarts.

64 — Petit nécessaire de voyage en acajou, avec accessoires en argent et cristal. Il porte l'inscription : *Donné par le Colonel J.-H. Bonaparte, le 17 Flo. an 12e au Général Candras.*

65 — Deux plats en faïence hispano-mauresque.

66 — Paire de potiches, porcelaine bleu turquoise, montées en bronze. Style Louis XV.

67 — Deux potiches en porcelaine du Japon, montées en lampes.

68 — Paire de vases, porcelaine dorée, décors à personnages. Époque Restauration.

69 — Deux potiches avec leurs couvercles, porcelaine du Japon.

70 — Service à thé Empire, composé de dix pièces.

71 — Cinq assiettes en étain.

72 — Deux petites ombrelles en soie blanche et marron, avec manche en ivoire et en os.

73 — Cinq éventails, feuilles imprimées, montures en os, ivoire et nacre.

74 — Éventail, époque Louis XV, feuille peinte à la gouache, monture en ivoire ajourée et peint.

75 — Cinq miniatures : Portraits d'hommes et un portrait de Napoléon.

76 — Place animée de personnages, avec jeu d'eau. Miniature ovale.

77 — Bonbonnière en cristal, monture en bronze doré, avec portrait de femme en émail sur le couvercle, par *Autran*.

78 — Portrait de femme en émail, par *Autran*. Cadre en bronze.

79 — Buste de femme de profil, émail, par *Autran*.

80 — Scène d'intérieur, émail par *Autran*.

81 — Portrait de Sarah Bernhardt dans l'*Aiglon*. Émail par *Autran*.

82 — Bague-serpent en or, ornée de six brillants.

83 — Croix-reliquaire en argent russe.

84 — Broche en argent émaillé, avec oiseaux et nid, ornée de perles.

85 — Lot de cadres en bois sculpté. (Sera divisé.)

86 — Trois miroirs, cadres en bois sculpté et un en bois noir.

87 — Fronton en bois sculpté et doré.

TABLEAUX, DESSINS

GRAVURES

ANCIENS ET MODERNES

BOILLY

88 — *Portrait d'Homme.*

Toile.

BONVIN (D'après V. Goyen)

89 — *Marine.*

Panneau.

ÉCOLE FRANÇAISE (xviie siècle)

90 — *Portrait de Femme.*

Toile ovale.
Cadre ancien en bois sculpté.

ÉCOLE FRANÇAISE

91 — *Paysage avec cours d'eau et moulin.*

Aquarelle.

ÉCOLE FRANÇAISE

92 — *Deux Portraits de Femmes.*

Pastels de forme ovale.

ÉCOLE FLAMANDE

93 — *La Halte à la fontaine.*
>   Toile.

ÉCOLE ESPAGNOLE

94 — *Sujet biblique.*

FEYEN-PERRIN

95 — *Femme nue près d'une barque au bord de
la mer.*

GREUZE (Genre de)

96 — *Jeune Fille en buste.*
>   Aquarelle.

JOHANNOT (Attribué à ALFRED)

97 — *Église des Invalides, pour la cérémonie
funèbre des victimes de l'attentat de Fieschi,
1835.*
>   Tableau à Versailles.

KNIFF (DE)

98 — *Vaches au pâturage.*
>   Toile.

LEBEL (EDMOND), 1865

99 — *Jeune Napolitain adossé à un mur.*
>   Toile.

MIGNARD (Attribué à Paul)

100 — *Portrait présumé de Th. Corneille.*

NIEULANDT

101 — *Le Départ de Jacob.*

Paysage animé de nombreux personnages et animaux.

Panneau.

PERRONNEAU (Attribué à)

102 — *Portrait d'Homme.*

Pastel.

PILLE (Henri)

103 — *Deux Portraits d'Hommes.*

Dessin.

ROBERT (Genre de H.)

104 — *Vue d'une Villa romaine, avec chute d'eau.*

Aquarelle.

105 — Sept toiles : Portraits.

106 — Dix-huit peintures, aquarelles ou dessins : Portraits, Paysages, etc. (Sera divisé.)

TAPISSERIES ANCIENNES

TAPIS, TENTURES

107 — Bandeau en ancienne tapisserie des Flandres, à personnages et médaillons, fleurs et fruits.

108 — Deux pentes en ancienne tapisserie, à chutes de fleurs et fruits.

109 — Tapisserie verdure, avec habitations et volatiles. Bordures feuillages et oiseaux.

110 — Portière en satin jaune, brodée de soie et d'argent, avec armoirie et couronne de marquis.

111 — Portière satin rouge brodée, à grand personnage chinois, avec bordures d'inscriptions.

112 — Tapis de table en tapisserie d'Aubusson, à guirlandes et bouquets de fleurs, tissé de soie.

113 — Tapis ancien de Recht en velours noir, avec applications de drap en broderie de couleur or et argent.

114 — Petite carpette en soie de Damas.

115 — Tapis-Savonnerie. — Environ 5 mètres sur 4 mètres.

116 — Tapis persan. 1 m. 20 centimètres.

117 — Tapis moquette et deux morceaux. — Dimensions 5 mètres sur 2 m. 80 centimètres.

118 — Tapis Karamani. — Dimension : 2 m. 80 sur 1 m. 60 centimètres.

119 — Grande carpette Smyrne.

120 — Grand tapis d'Orient fond rouge.

121 — Tapis d'Orient, médaillon sur fond bleu.

122 — Deux portières chinoises en satin brodé.

123 — Tapis d'Aubusson.

124 — Couvre-lit en satin broché.

125 — Quatre morceaux de lampas ancien, décors crème sur fond vert.

126 — Sous ce numéro, les objets non catalogués.

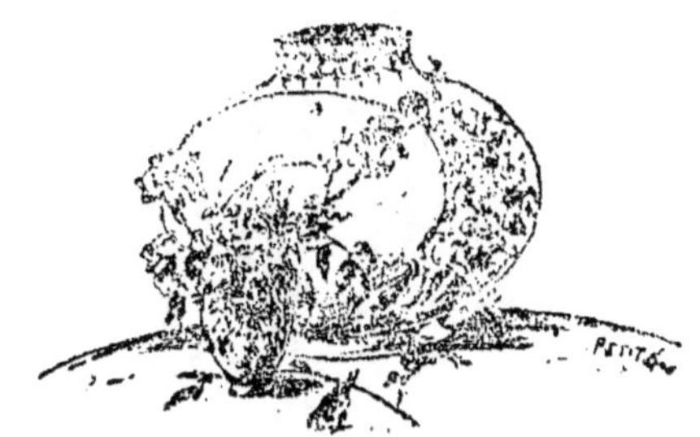